„Sind wir jetzt da?" fragte Bo Bär ungeduldig.
„Sind wir bald auf dem Bauernhof?"
„Nur noch um die Ecke", antwortete Papa Bär.

„Was ist, wenn Oma und Opa nicht da sind?"
fiel es Bo Bär ein.
Keine Aufregung! Sie waren da.

Für Bo Bär gab es viel zu entdecken.
„Opa, was ist dort im Korb?" fragt er.
„Schau doch selbst nach", schlug Opa vor.

Auf dem Bauernhof gab es viel zu tun. Bo Bär und seine Freunde durften die Küken füttern und die Eier einsammeln.

Danach durften sie Oma Bär helfen. Sie wollte gerade die Kuh melken.

„Jetzt wollen wir frisches Gemüse aus dem Garten holen", schlug Oma Bär vor.

Auf einmal waren die Ferkel ausgerissen. Bo Bär und Benny jagten ihnen über den ganzen Hof nach.
Billi bemerkte, wie sich etwas im Schubkarren bewegte.

Später kamen Bo Bär und Benny zu einer Vogelscheuche. Sie sah so echt aus, daß Bo Bär meinte, er hörte sie „Hallo! Hallo!" rufen.

Die kleinen Lämmer waren so weich und kuschelig,
daß Bo Bär und seine Freunde am liebsten den ganzen Tag
mit ihnen gespielt hätten.

Schließlich rief Opa Bär seine kleinen Helfer hinüber
in die Scheune.
„Ich fürchte, ich habe etwas im Heuhaufen verloren", sagte er.
Und da... unter dem Heu...

Opa Bär hatte sie extra für Bo Bär, Benny, Billi und Mimi gebastelt. Er wollte ihnen damit eine Freude machen als Dank für ihre Mithilfe auf dem Bauernhof.